Impressum
Verlag: BABADADA GmbH, Nedderfeld 112 , 22529 Hamburg
Geschäftsführer / Verlagsleitung: Harald Hof
Druck: Books on Demand GmbH, In de Tarpen 42, 22848 Norderstedt

Imprint
Publisher: BABADADA GmbH, Nedderfeld 112 , 22529 Hamburg, Germany
Managing Director / Publishing direction: Harald Hof
Print: Books on Demand GmbH, In de Tarpen 42, 22848 Norderstedt, Germany

school

škola

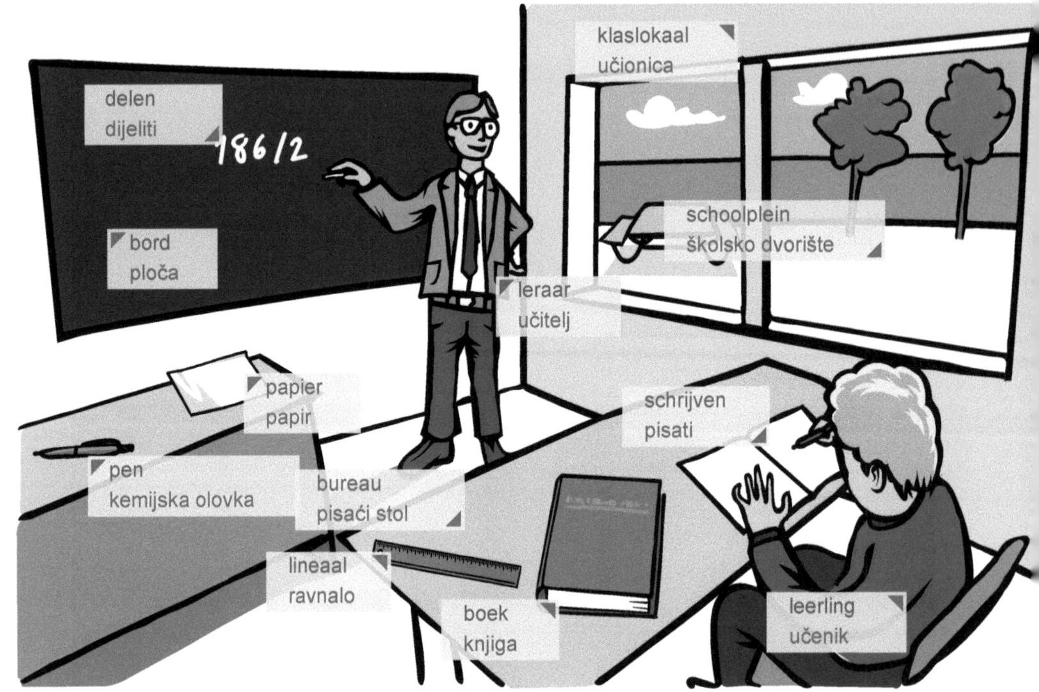
klaslokaal
učionica
delen
dijeliti
186/2
bord
ploča
schoolplein
školsko dvorište
leraar
učitelj
papier
papir
schrijven
pisati
pen
kemijska olovka
bureau
pisaći stol
lineaal
ravnalo
boek
knjiga
leerling
učenik

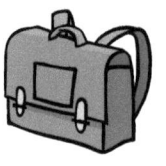

schooltas
torba

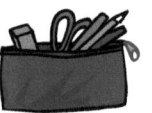

etui
pernica

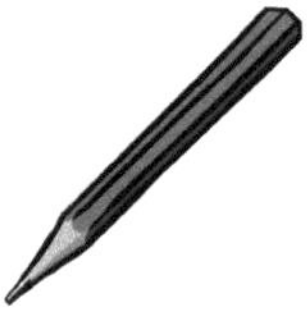

potlood
grafitna olovka

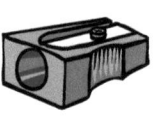

puntenslijper
šiljilo za olovke

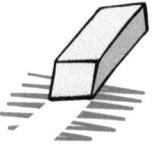

gum
gumica za brisanje

schetsblok
blok za crtanje

tekening

crtež

penseel

kist

verfdoos

kutija s bojama

schaar

makaze

lijm

ljepilo

schrift

bilježnica

huiswerk

domaći zadatak

getal

broj

optellen

sabirati

aftrekken

oduzimati

vermenigvuldigen

množiti

rekenen

računati

letter

slovo

alfabet

abeceda

woord

riječ

tekst
tekst

lezen
čitati

krijt
kreda

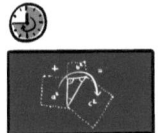

les
sat

klassenboek
dnevnik

examen
ispit

diploma
svjedodžba

schooluniform
školska uniforma

opleiding
obrazovanje

encyclopedie
leksikon

universiteit
sveučilište

microscoop
mikroskop

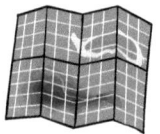

kaart
karta

prullenmand
košara za papir

hotel
hotel

Grand

hostel
prenoćište

ROOMS

wisselkantoor
mjenjačnica

EXCHANGE

koffer
kofer

auto
auto

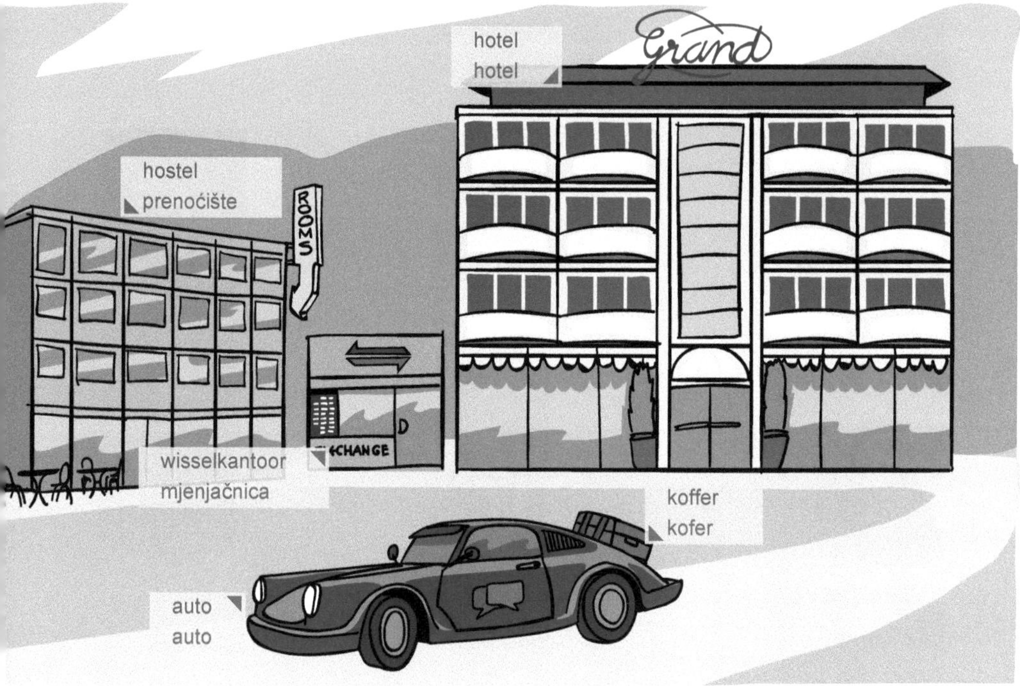

taal
jezik

ja / nee
da / ne

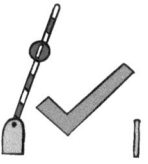

oké
okay

Hallo!
zdravo

tolk
prevoditelj

Bedankt.
hvala

Wat kost ...?

Koliko košta...?

Ik begrijp het niet.

ne razumijem

probleem

problem

Goedenavond!

dobro veče!

Goedemorgen!

Dobro jutro!

Goedenacht!

Laku noć!

Tot ziens!

doviđenja

richting

smjer

bagage

prtljaga

tas

torba

rugzak

ruksak

gast

gost

kamer

soba

slaapzak

vreća za spavanje

tent

šator

VVV-kantoor

turističke informacije

strand

plaža

creditkaart

kreditna kartica

ontbijt

doručak

lunch

ručak

diner

večera

kaartje

karta za vožnju

lift

dizalo

postzegel

poštanska markica

grens

granica

douane

carina

ambassade

ambasada

visum

viza

paspoort

putovnica

transport

transport

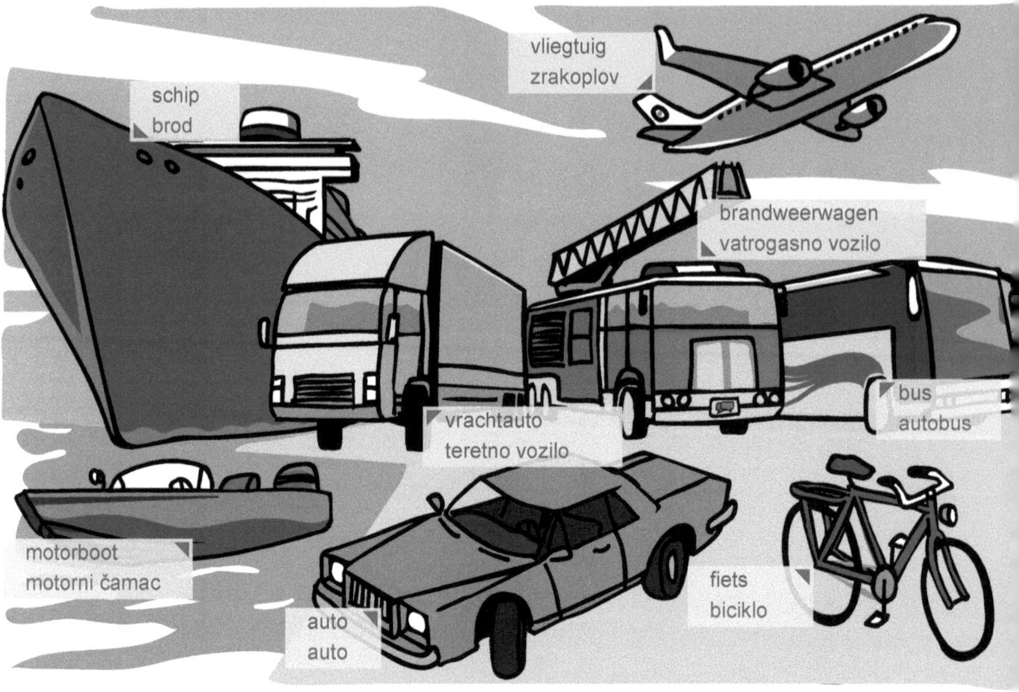

vliegtuig
zrakoplov
schip
brod
brandweerwagen
vatrogasno vozilo
bus
autobus
vrachtauto
teretno vozilo
motorboot
motorni čamac
fiets
biciklo
auto
auto

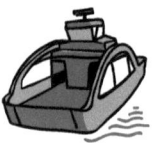

veerboot

trajekt

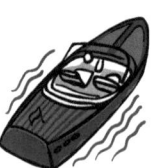

boot

čamac

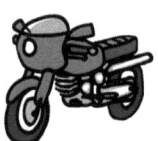

motorfiets

motocikl

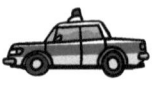

politiewagen

policijski auto

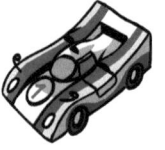

raceauto

trkaći auto

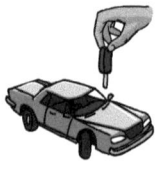

huurauto

iznajmljeno auto

carsharing

dijeljenje automobila

takelwagen

vučno vozilo

vuilniswagen

vozilo za odvoz smeća

motor

motor

benzine

benzin

benzinepomp

benzinska postaja

verkeersbord

prometni znak

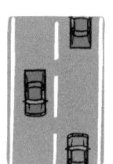

verkeer

promet

file

zastoj

parkeerplaats

parkiralište

station

kolodvor

rails

šine

trein

vlak

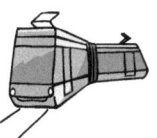

tram

tramvaj

wagon

vagon

helikopter
helikopter

luchthaven
zrakoplovna luka

toren
toranj

passagier
putnik

container
kontejner

verhuisdoos
karton

kar
kolica

mand
košara

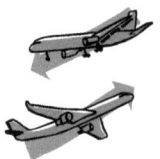

opstijgen / landen
uzletjeti / sletjeti

stad
grad

dorp
selo

stadscentrum
centar grada

huis
kuća

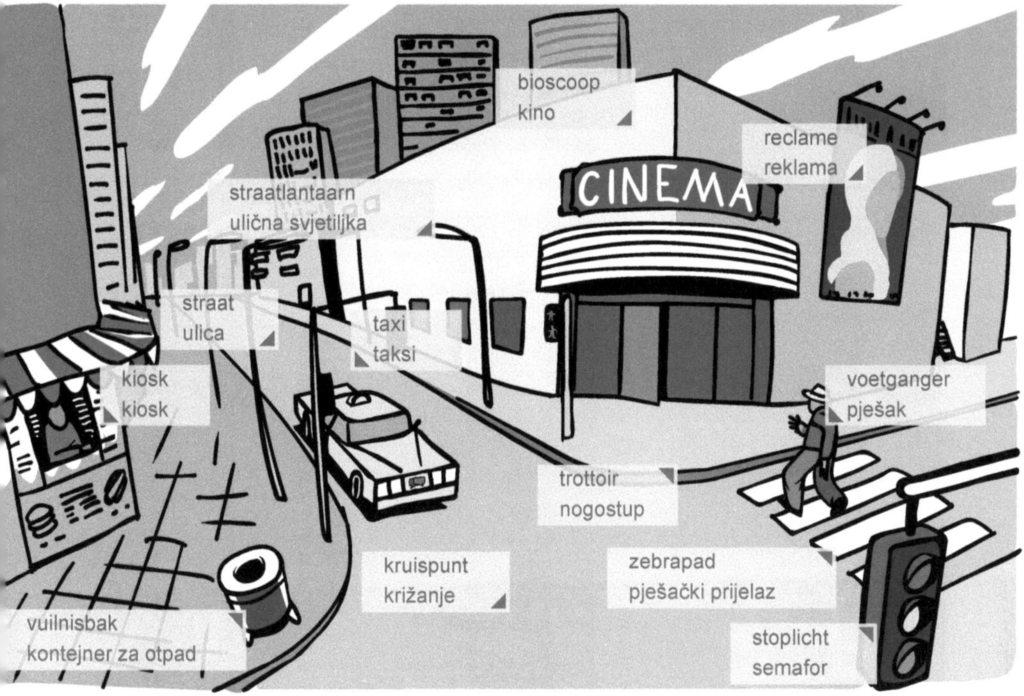

bioscoop
kino

reclame
reklama

straatlantaarn
ulična svjetiljka

CINEMA

straat
ulica

taxi
taksi

kiosk
kiosk

voetganger
pješak

trottoir
nogostup

kruispunt
križanje

zebrapad
pješački prijelaz

vuilnisbak
kontejner za otpad

stoplicht
semafor

hut

koliba

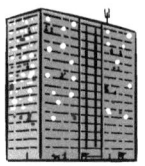

appartement

stan

station

kolodvor

stadhuis

vijećnica

museum

muzej

school

škola

universiteit
sveučilište

bank
banka

ziekenhuis
bolnica

hotel
hotel

apotheek
ljekarna

kantoor
ured

boekenwinkel
knjižara

winkel
prodavaonica

bloemenwinkel
cvjećara

supermarkt
supermarket

markt
trg

warenhuis
robna kuća

visboer
ribarnica

winkelcentrum
trgovački centar

haven
luka

park
park

bank
klupa

brug
most

trap
stepenice

metro
podzemna željeznica

tunnel
tunel

bushalte
autobusna stanica

bar
bar

restaurant
restoran

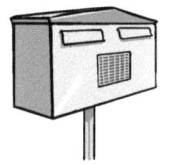

brievenbus
poštansko sanduče

straatnaambord
ulični znak

parkeermeter
parkirni sat

dierentuin
zoološki vrt

zwembad
bazen

moskee
džamija

boerderij

seosko gazdinstvo

vervuiling

zagađenje okoliša

begraafplaats

groblje

kerk

crkva

speelplaats

igralište

tempel

hram

landschap
krajolik

blad
list

wegwijzer
putokaz

weg
put

weide
livada

steen
kamen

boom
drvo

wandelaar
šetač

rivier
rijeka

gras
trava

bloem
cvijet

vallei

dolina

berg

planina

meer

jezero

bos

šuma

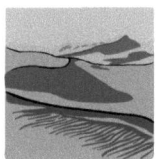

woestijn

pustinja

vulkaan

vulkan

kasteel

dvorac

regenboog

duga

paddenstoel

gljiva

palmboom

palma

mug

moskito

vlieg

muha

mier

mrav

bij

pčela

spin

pauk

landschap - krajolik

15

kever
buba

kikker
žaba

eekhoorn
vjeverica

egel
jež

haas
zec

uil
sova

vogel
ptica

zwaan
labud

wild zwijn
divlja svinja

hert
jelen

eland
los

stuwdam
nasip

windmolen
vjetrenjača

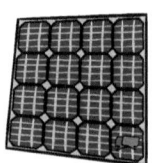

zonnepaneel
solarna ploča

klimaat
klima

restaurant
restoran

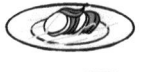

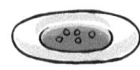

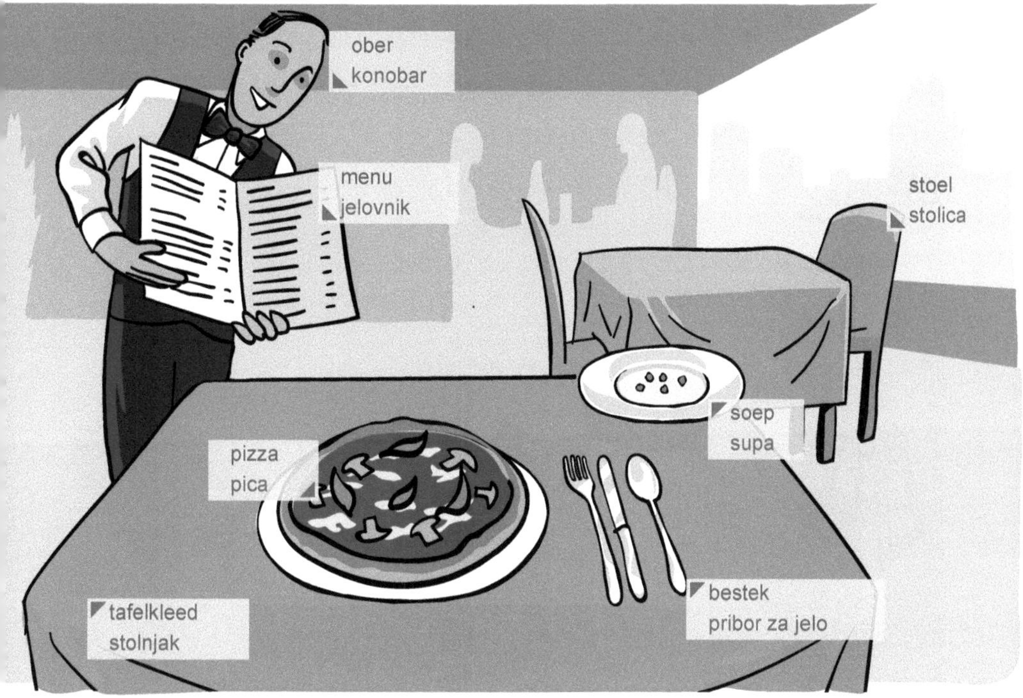

ober
konobar
menu
jelovnik
stoel
stolica
soep
supa
pizza
pica
bestek
pribor za jelo
tafelkleed
stolnjak

voorgerecht

predjelo

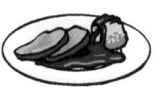

hoofdgerecht

glavno jelo

toetje

desert

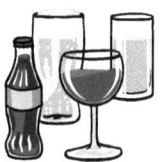

dranken

napitci

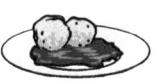

eten

jelo

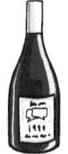

fles

boca

fastfood

fastfood

eetkraampje

imbis hrana

theepot

čajnik

suikerpot

doza za šećer

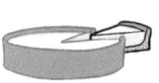

portie

porcija

espressomachine

aparat za espresso

kinderstoel

visoka stolica

rekening

račun

dienblad

pladanj

mes

nož

vork

vilica

lepel

žlica

theelepel

čajna žlica

servet

ubrus

glas

čaša

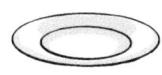

bord

tanjur

soepbord

tanjur za supu

schotel

tanjurić

saus

sos

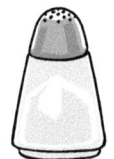

zoutvaatje

soljenka

pepermolen

mlin za biber

azijn

ocat

olie

ulje

kruiden

začini

ketchup

kečap

mosterd

senf

mayonaise

majoneza

aanbieding
ponuda

klant
kupac

zuivelproducten
mlíječni proizvodi

FOR

fruit
voće

winkelwagen
kolica za kupnju

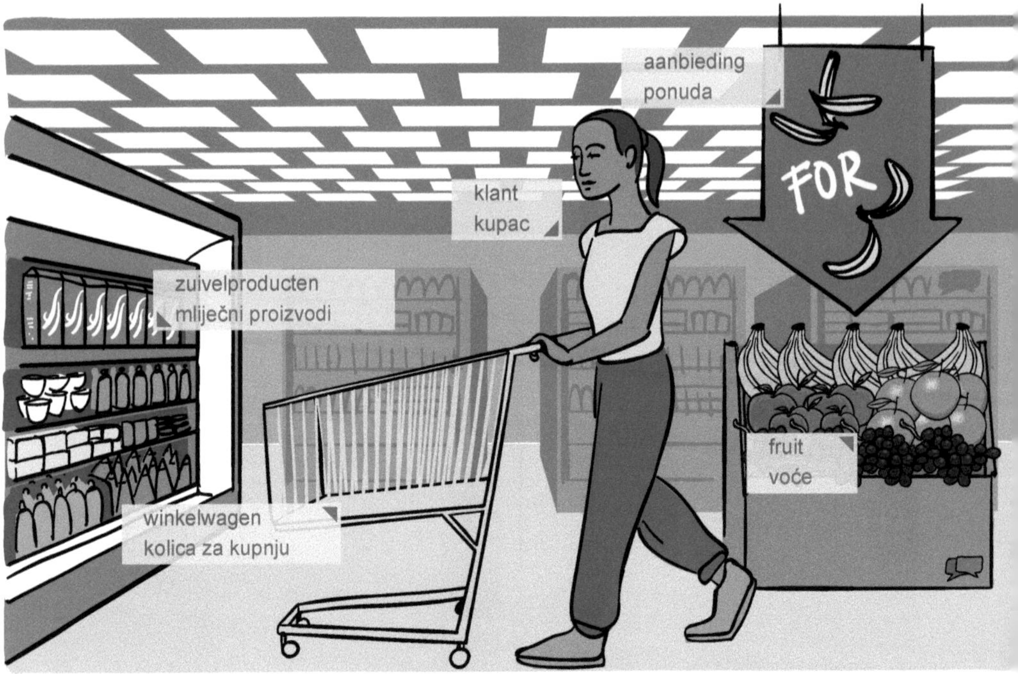

slager

mesnica

bakkerij

pekarnica

wegen

vagati

groente

povrće

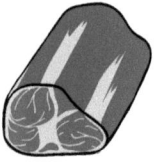

vlees

meso

diepvriesproducten

duboko smrznuta hrana

vleeswaren
narezak

conserven
konzerve

wasmiddel
sredstvo za pranje

snoepgoed
slatkiši

huishoudelijke artikelen
artikli za domaćinstvo

schoonmaakmiddel
sredstva za čišćenje

verkoopster
prodavačica

kassa
blagajna

kassier
blagajnik

boodschappenlijstje
lista za kupnju

openingstijden
vrijeme rada

portefeuille
novčanik

creditkaart
kreditna kartica

tas
torba

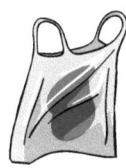
plastic zak
plastična vrećica

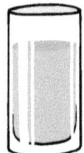

water
voda

sap
sok

melk
mlijeko

cola
cola

wijn
vino

bier
pivo

alcohol
alkohol

chocolademelk
kakao

thee
čaj

koffie
kava

espresso
espresso

cappuccino
cappuccino

banaan

banana

appel

jabuka

sinaasappel

naranča

watermeloen

lubenica

citroen

limun

wortel

mrkva

knoflook

češnjak

bamboe

bambus

ui

luk

paddenstoel

gljiva

noten

orašasti plodovi

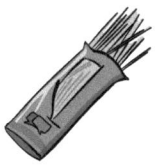

pasta

rezanci

spaghetti

špagete

rijst

riža

salade

salata

friet

pomfrit

gebakken aardappelen

pečeni krumpir

pizza

pica

hamburger

hamburger

sandwich

sendvič

schnitzel

šnicla

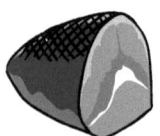

ham

pršut

salami

salama

worst

kobasica

kip

kokoš

gebraad

pečenje

vis

riba

havermout

zobene pahuljice

muesli

musli

cornflakes

kukuruzne pahuljice

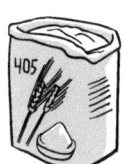

meel

brašno

croissant

roščić

broodjes

pecivo

brood

kruh

toast

toast

koekjes

keksi

boter

maslac

kwark

svježi sir

taart

kolač

ei

jaje

gebakken ei

jaje na oko

kaas

sir

ijs

sladoled

suiker

šećer

honing

med

jam

marmelada

chocoladepasta

nugat krema

kerrie

curry

eten - jelo

boerderij
seosko gazdinstvo

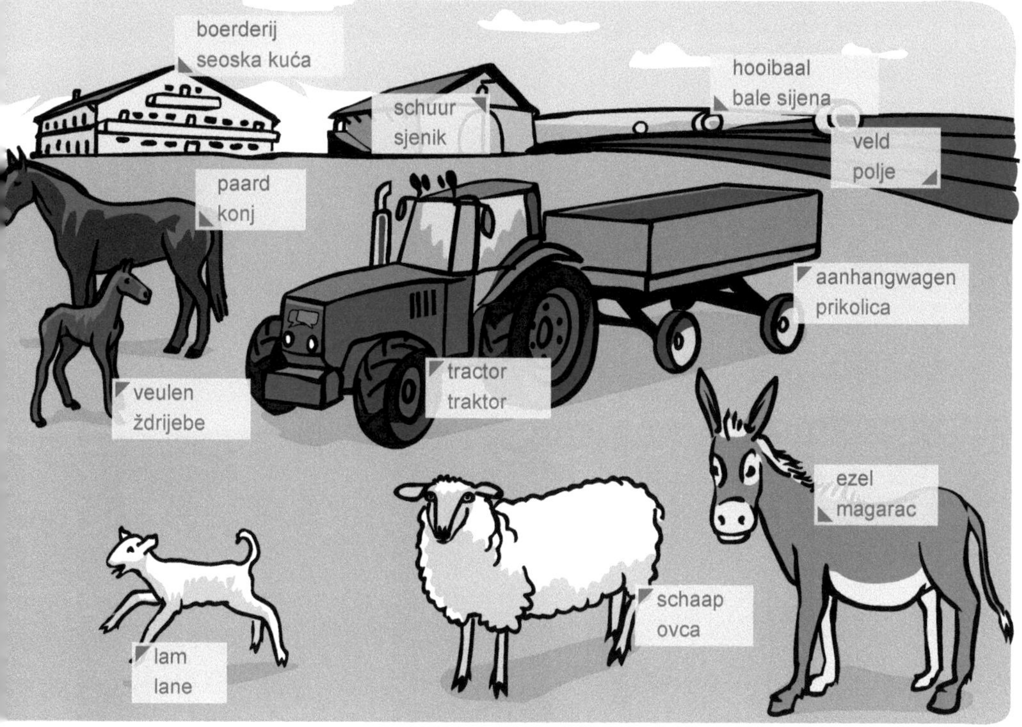
boerderij
seoska kuća
schuur
sjenik
hooibaal
bale sijena
veld
polje
paard
konj
aanhangwagen
prikolica
tractor
traktor
veulen
ždrijebe
ezel
magarac
schaap
ovca
lam
lane

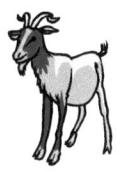

geit
koza

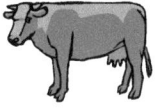

koe
krava

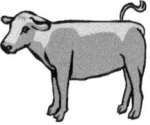

kalf
tele

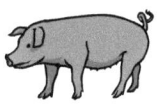

varken
svinja

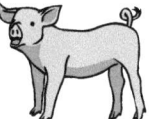

big
prase

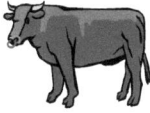

stier
bik

gans

guska

eend

patka

kuiken

pilići

kip

kokoš

haan

pijetao

rat

pacov

kat

mačka

muis

miš

os

vol

hond

pas

hondenhok

kućica za psa

tuinslang

vrtno crijevo

gieter

kanta za polijevanje

zeis

kosa

ploeg

plug

sikkel
srp

schoffel
motika

hooivork
vilica za gnojivo

bijl
sjekira

kruiwagen
tačke

trog
korito

melkbus
posuda za mlijeko

zak
vreća

hek
ograda

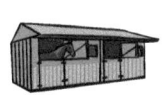

stal
štala

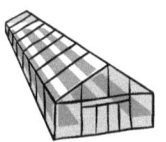

broeikas
staklenik

grond
zemlja

zaad
sjeme

mest
gnojivo

maaidorser
kombajn

oogsten

žanjati

oogst

žetva

yam

yams začin

tarwe

pšenica

soja

soja

aardappel

krumpir

maïs

kukuruz

koolzaad

uljana repica

fruitboom

voćka

maniok

gomolj manioke

granen

žitarice

huis
kuća

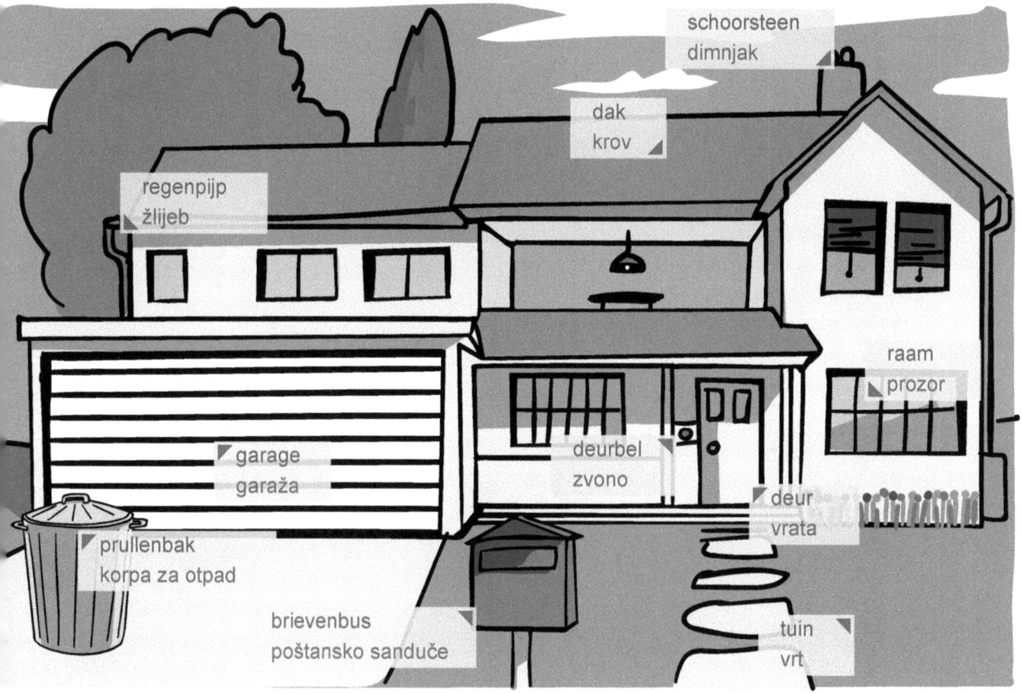
schoorsteen
dimnjak
dak
krov
regenpijp
žlijeb
raam
prozor
garage
garaža
deurbel
zvono
deur
vrata
prullenbak
korpa za otpad
brievenbus
poštansko sandučе
tuin
vrt

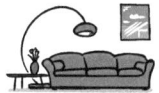

woonkamer

dnevna soba

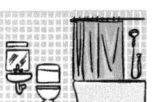

badkamer

kupaonica

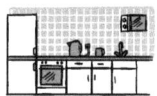

keuken

kuhinja

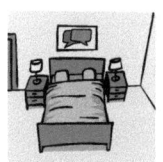

slaapkamer

spavaća soba

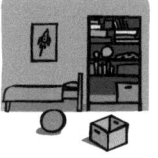

kinderkamer

dječija soba

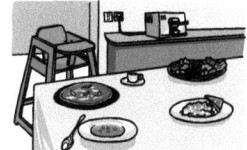

eetkamer

trpezarija

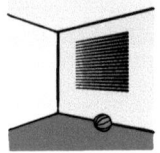

vloer
....
pod

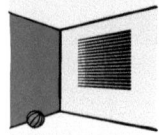

muur
....
zid

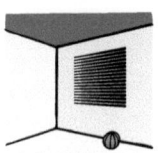

plafond
....
strop

kelder
....
podrum

sauna
....
sauna

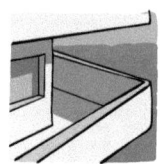

balkon
....
balkon

terras
....
terasa

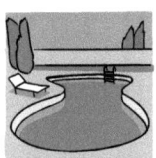

zwembad
....
bazen

grasmaaier
....
kosilica za travu

laken
....
posteljina za krevet

bedsprei
....
deka za krevet

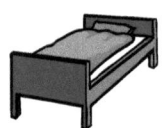

bed
....
krevet

bezem
....
metla

emmer
....
kanta

schakelaar
....
sklopka

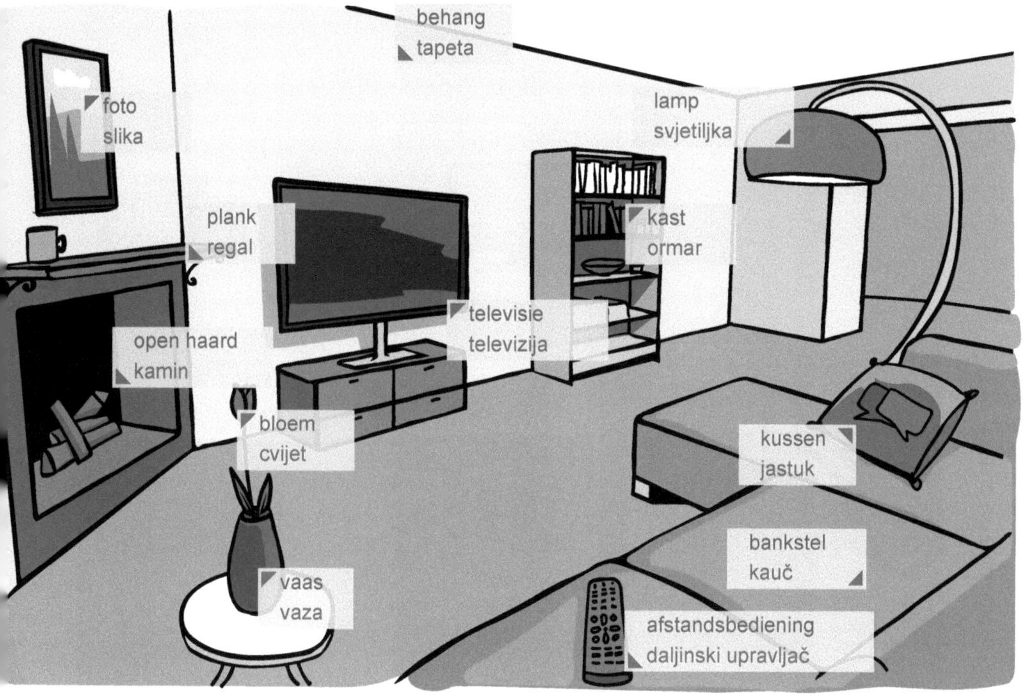

behang
tapeta

foto
slika

lamp
svjetiljka

plank
regal

kast
ormar

open haard
kamin

televisie
televizija

bloem
cvijet

kussen
jastuk

bankstel
kauč

vaas
vaza

afstandsbediening
daljinski upravljač

tapijt
tepih

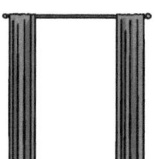

gordijn
zavjesa

tafel
stol

stoel
stolica

schommelstoel
stolica za njihanje

stoel
fotelja

boek
knjiga

deken
deka

decoratie
dekoracija

brandhout
drvo za ogrjev

film
film

stereo-installatie
stereo uređaj

sleutel
ključ

krant
novine

schilderij
slika na platnu

poster
poster

radio
radio

kladblok
blok za pisanje

stofzuiger
usisavač

cactus
kaktus

kaars
svijeća

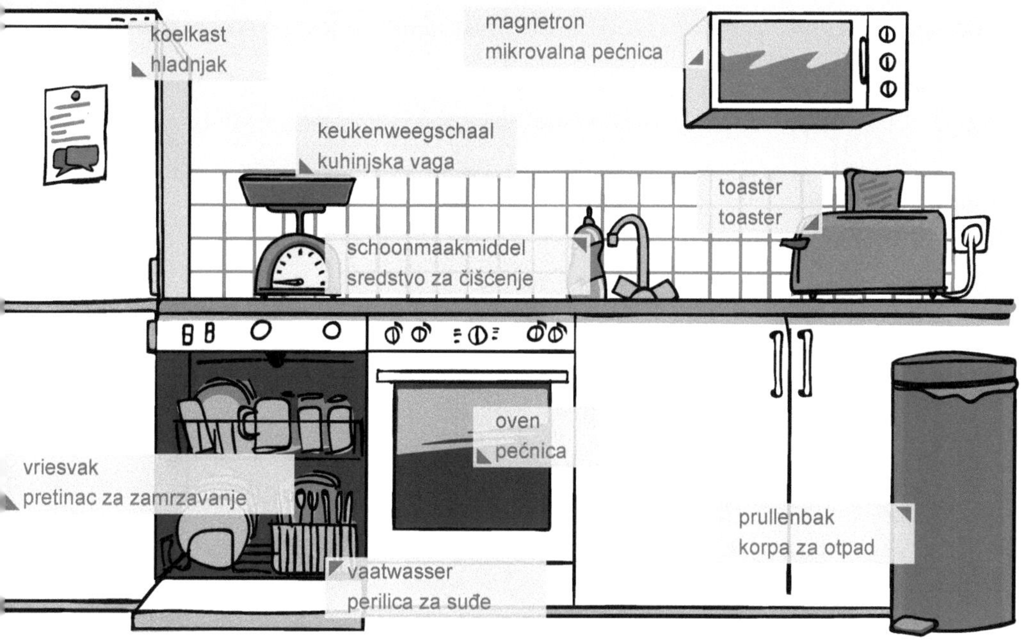

koelkast
hladnjak

magnetron
mikrovalna pećnica

keukenweegschaal
kuhinjska vaga

toaster
toaster

schoonmaakmiddel
sredstvo za čišćenje

oven
pećnica

vriesvak
pretinac za zamrzavanje

prullenbak
korpa za otpad

vaatwasser
perilica za suđe

fornuis
štednjak

pan
lonac

gietijzeren pan
željezni lonac

wok / kadai
wok / kadai

koekenpan
tava

ketel
kuhalo za vodu

stoomkoker

kuhalo na paru

bakplaat

lim za pečenje

servies

posuđe

beker

čaša

kom

zdjela

eetstokjes

štapići za jelo

soeplepel

kutljača

spatel

lopatica

garde

pjenjača

vergiet

sito za kuhanje

zeef

sito

rasp

ribež

vijzel

mužar

barbecue

roštilj

vuurhaard

ognjište

keuken - kuhinja

snijplank

daska

deegroller

oklagija

kurkentrekker

vadičep

blik

konzerva

blikopener

otvarač konzervi

pannenlap

krpa za lonac

wasbak

sudoper

borstel

četka

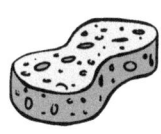

spons

spužva

blender

mikser

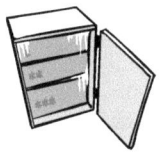

vriezer

zamrzivač

babyflesje

bočica za bebe

kraan

slavina za vodu

badkamer
kupaonica

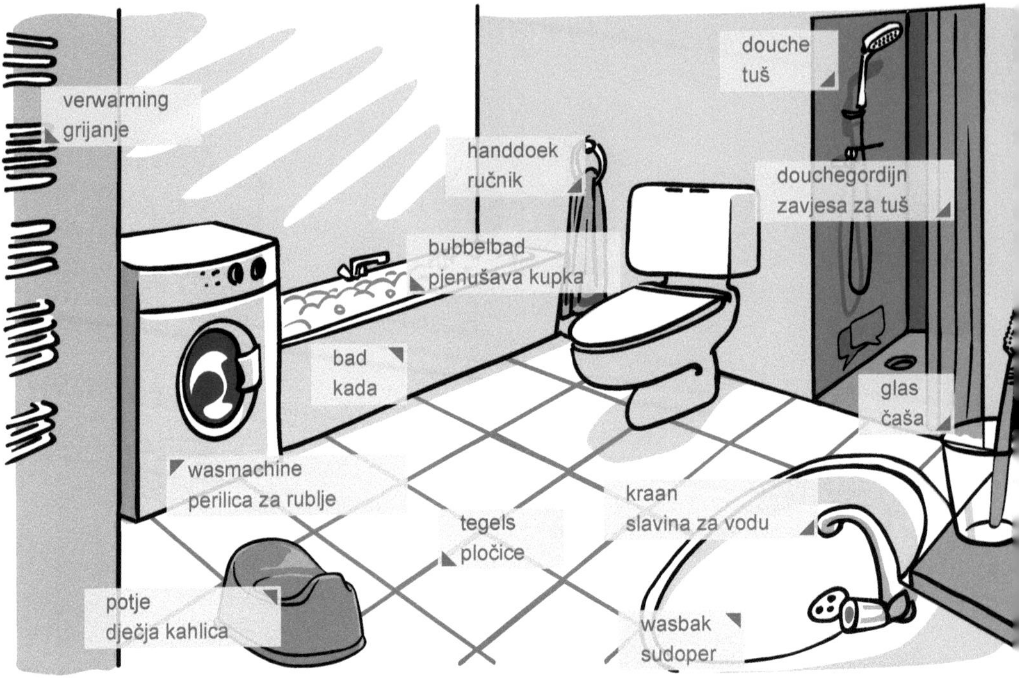

douche
tuš

verwarming
grijanje

handdoek
ručnik

douchegordijn
zavjesa za tuš

bubbelbad
pjenušava kupka

bad
kada

glas
čaša

wasmachine
perilica za rublje

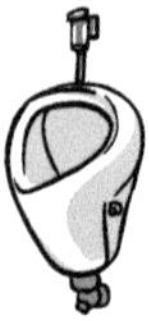

kraan
slavina za vodu

tegels
pločice

potje
dječja kahlica

wasbak
sudoper

toilet	hurktoilet	bidet
toalet	čučavac	bidet
urinoir	toiletpapier	toiletborstel
pisoar	papir za toalet	četka za toalet

tandenborstel

četkica za zube

tandpasta

pasta za zube

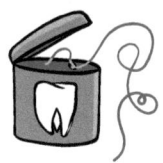

flosdraad

konac za zube

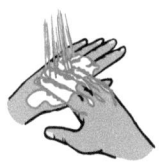

wassen

prati

handdouche

tuš ručica

toiletdouche

tuš za pranje intimnih dijelova

waskom

lavor

rugborstel

četka za pranje leđa

zeep

sapun

douchegel

gel za tuširanje

shampoo

šampon

washanje

krpa za pranje

afvoer

odvod

creme

krema

deodorant

dezodorans

spiegel

ogledalo

make-upspiegel

kozmetičko ogledalo

scheermes

brijač

scheerschuim

pjena za brijanje

aftershave

losion za poslije brijanja

kam

češalj

borstel

četka

haardroger

sušilo za kosu

haarspray

sprej za kosu

make-up

makeup

lippenstift

ruž za usne

nagellak

lak za nokte

watten

vata

nagelschaartje

škare za nokte

parfum

parfem

badkamer - kupaonica

toilettas

neseser

kruk

stolica

weegschaal

vaga

badjas

ogrtač

rubber handschoenen

rukavice za čišćenje

tampon

tampon

maandverband

uložak

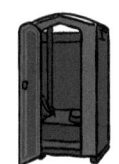

chemisch toilet

kemijski toalet

kinderkamer
dječija soba

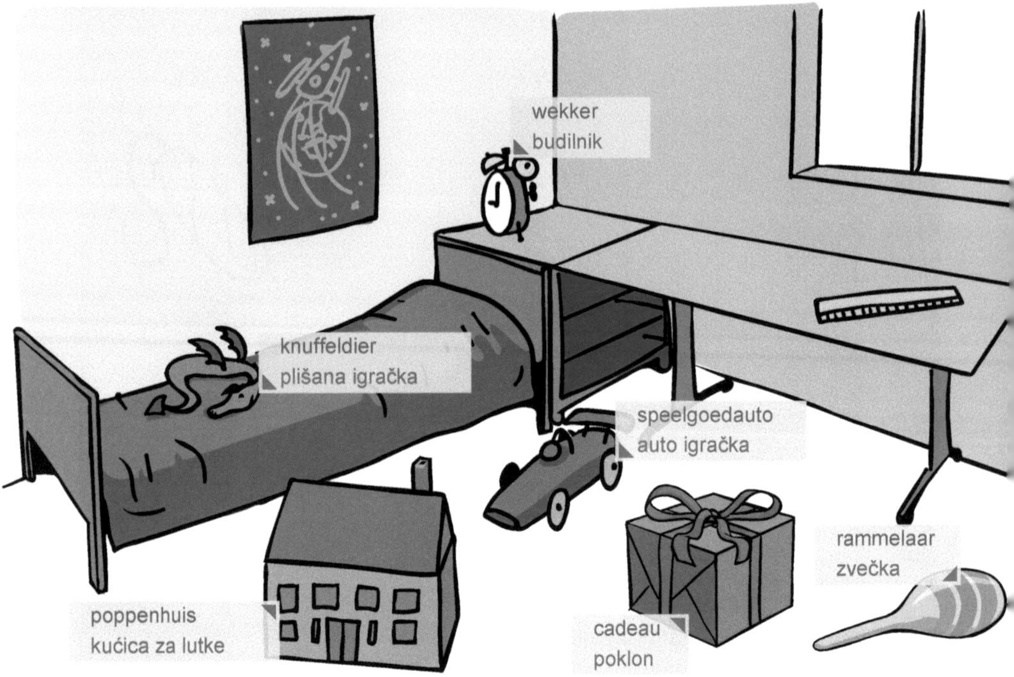
wekker
budilnik
knuffeldier
plišana igračka
speelgoedauto
auto igračka
rammelaar
zvečka
poppenhuis
kućica za lutke
cadeau
poklon

ballon

balon

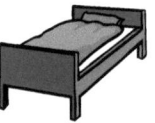

bed

krevet

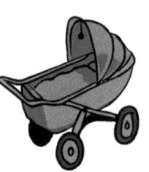

kinderwagen

dječija kolica

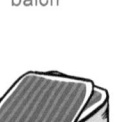

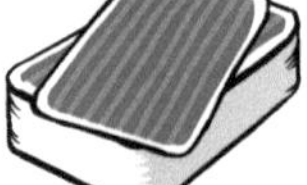

kaartspel

igra s kartama

puzzel

slagalica

SUPER
MEGA

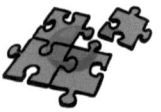

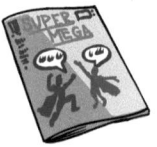

stripverhaal

strip

legostenen

lego kockice

speelgoedblokken

kockice za slaganje

actiefiguurtje

akcioni junak

romper

kombinezon za bebe

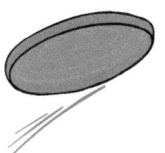

frisbee

frizbi

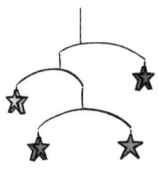

mobile

viseće igračke

bordspel

društvene igre

dobbelsteen

kocka

modeltrein

minijaturna željeznica

speen

duda

feestje

tulum

prentenboek

slikovnica

bal

lopta

pop

lutka

spelen

igrati

zandbak

pješčanik

schommel

ljuljačka

speelgoed

igračka

spelcomputer

konzola za igre

driewieler

tricikl

teddybeer

plišani medo

kleerkast

ormar

kleding
odjeća

sokken

kratke čarape

kousen

čarape

panty

hulahopke

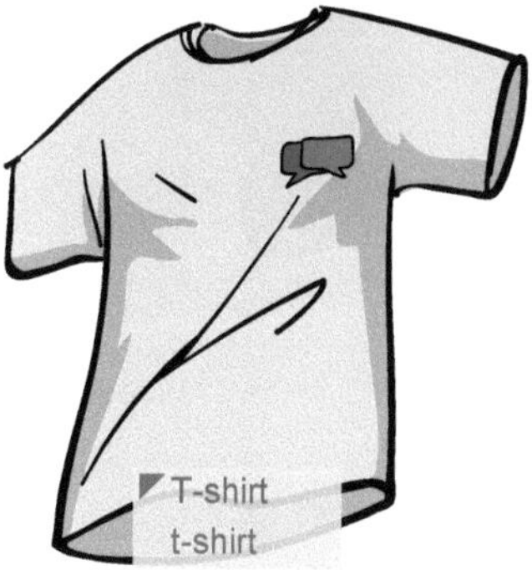

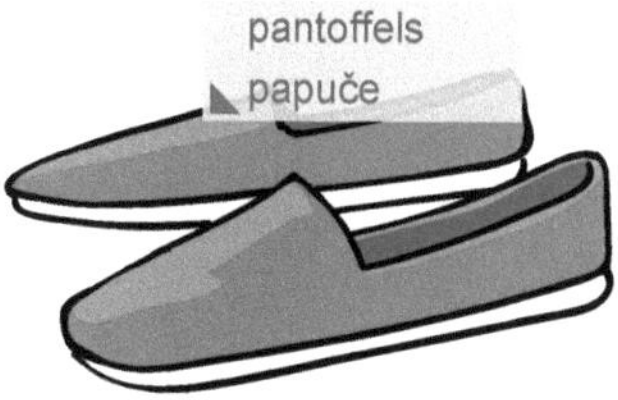

sjaal
šal

riem
kaiš

paraplu
kišobran

T-shirt
t-shirt

sportschoenen
patike

laarzen
čizme

pantoffels
papuče

sandalen
....
sandale

schoenen
....
cipele

rubberlaarzen
....
gumene čizme

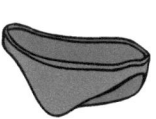

onderbroek
....
gaćice

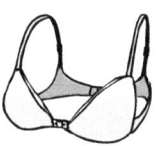

beha
....
grudnjak

onderhemd
....
potkošulja

kleding - odjeća

45

body
bodi

broek
hlače

spijkerbroek
džins

rok
haljina

blouse
bluza

overhemd
košulja

trui
džemper

hoody
pulover s kapuljačom

blazer
blejzer

jas
jakna

mantel
kaput

regenjas
kabanica

kostuum
kostim

jurk
haljina

trouwjurk
vjenčanica

pak

odijelo

nachthemd

spavaćica

pyjama

pidžama

sari

sari

hoofddoek

rubac

tulband

turban

boerka

burka

kaftan

kaftan

abaja

abaja

zwempak

kupaći kostim

zwembroek

kupaće gaćice

korte broek

kratke hlače

trainingspak

odjeća za trening

schort

pregača

handschoenen

rukavice

knoop

gumb

bril

naočale

armband

narukvica

ketting

ogrlica

ring

prsten

oorbel

naušnica

pet

kapa

kledinghanger

vješalica

hoed

šešir

stropdas

kravata

rits

patent zatvarač

helm

kaciga

bretels

naramenice

schooluniform

školska uniforma

uniform

uniforma

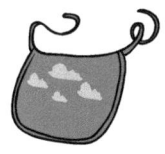

slabbetje

podbradak

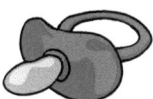

speen

duda

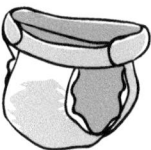

luier

pelena

kantoor
ured

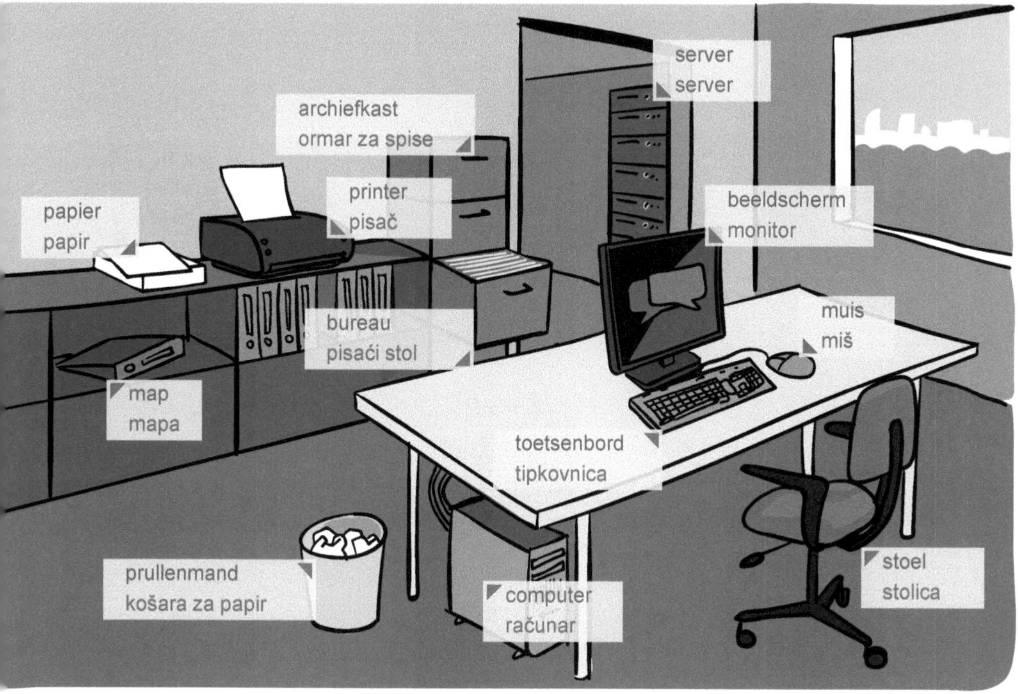
server
server
archiefkast
ormar za spise
papier
papir
printer
pisač
beeldscherm
monitor
muis
miš
bureau
pisaći stol
map
mapa
toetsenbord
tipkovnica
prullenmand
košara za papir
computer
računar
stoel
stolica

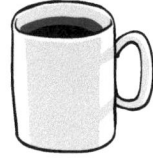

koffiemok

šalica za kavu

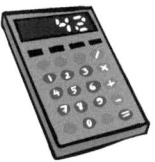

rekenmachine

kalkulator

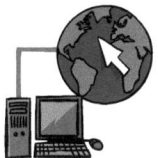

internet

internet

laptop
laptop

brief
pismo

bericht
poruka

mobiele telefoon
mobilni telefon

netwerk
mreža

kopieermachine
uređaj za kopiranje

software
softver

telefoon
telefon

stopcontact
utičnica

fax
faks

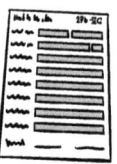

formulier
obrazac

document
dokument

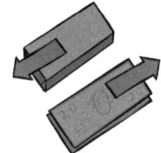

kopen

kupovati

betalen

platiti

handel drijven

trgovati

geld

novac

dollar

dolar

euro

euro

yen

jen

roebel

rubalj

Zwitserse frank

švicarski franak

renminbi yuan

renmindbi yuan

roepie

rupija

geldautomaat

automat za novac

wisselkantoor

mjenjačnica

goud

zlato

zilver

srebro

olie

nafta

energie

energija

prijs

cijena

contract

ugovor

belasting

porez

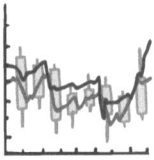

aandeel

dionica

werken

raditi

werknemer

službenik

werkgever

poslodavac

fabriek

tvornica

winkel

prodavaonica

economie - gospodarstvo

beroepen
zanimanja

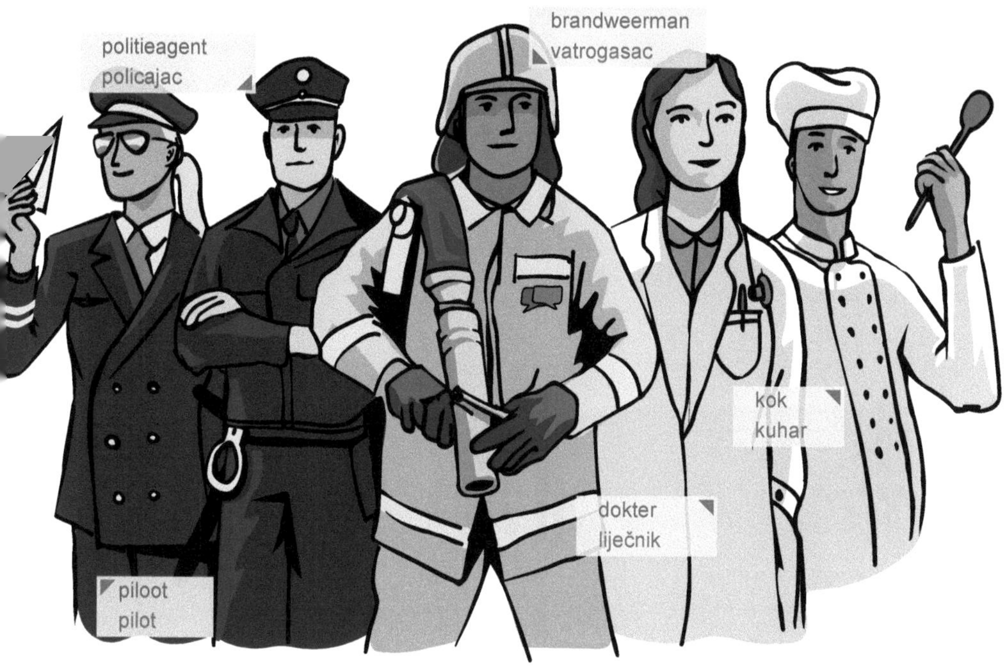
politieagent
policajac
brandweerman
vatrogasac
kok
kuhar
dokter
liječnik
piloot
pilot

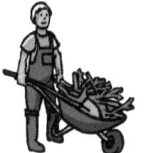

tuinman

vrtlar

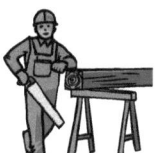

timmerman

stolar

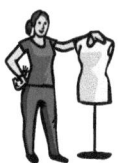

naaister

krojačica

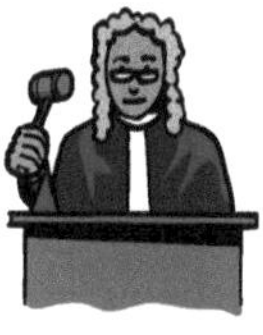

rechter

sudija

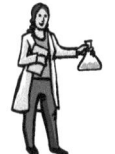

scheikundige

kemičar

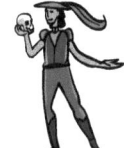

toneelspeler

glumac

buschauffeur

vozač autobusa

taxichauffeur

vozač taksija

visser

ribar

schoonmaakster

čistačica

dakdekker

krovopokrivač

ober

konobar

jager

lovac

schilder

slikar

bakker

pekar

elektricien

električar

bouwvakker

građevinski radnik

ingenieur

inženjer

slager

mesar

loodgieter

limar

postbode

poštar

soldaat	architect	kassier
vojnik	arhitekta	blagajnik

bloemist	kapper	conducteur
cvjećar	frizer	kondukter

monteur	kapitein	tandarts
mehaničar	kapetan	zubar

wetenschapper	rabbi	imam
znanstvenik	rabi	imam

monnik	pastoor	
monah	svećenik	

gereedschap
alati

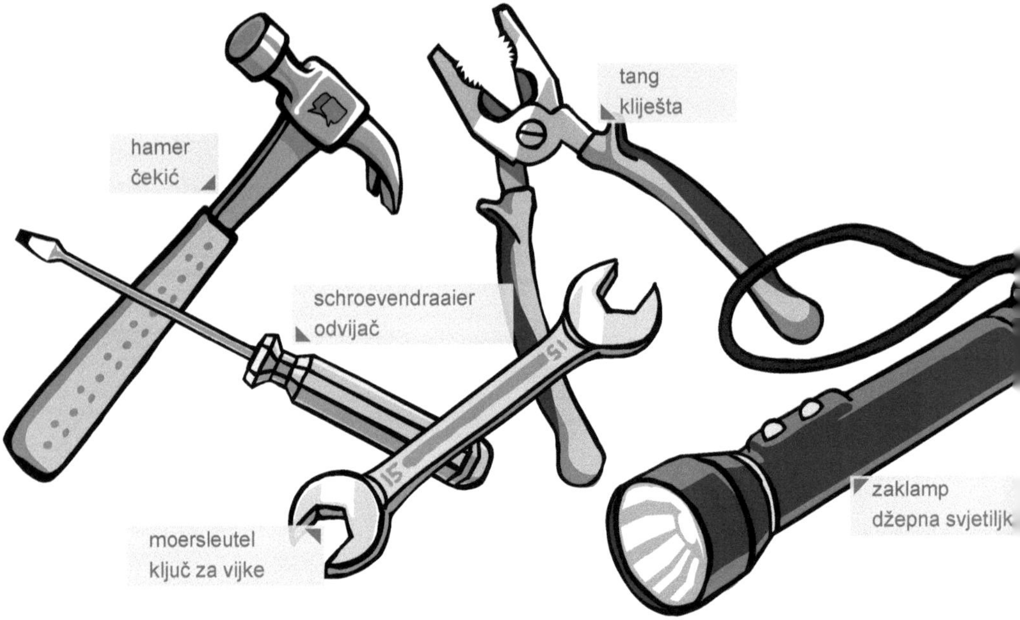
hamer
čekić
tang
kliješta
schroevendraaier
odvijač
moersleutel
ključ za vijke
zaklamp
džepna svjetiljk

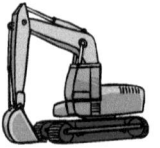

graafmachine

rovokopač

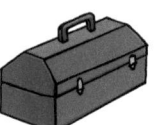

gereedschapskist

kutija za alat

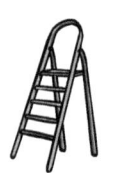

ladder

ljestve

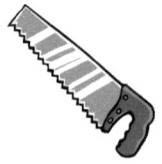

zaag

pila

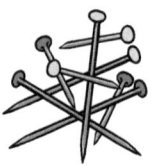

spijkers

ekser

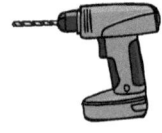

boor

bušilica

repareren
....
popraviti

schep
....
lopata

Verdorie!
....
Sranje!

stofblik
....
lopatica

verfpot
....
lonac za boju

schroeven
....
vijci

muziekinstrumenten
glazbeni instrument

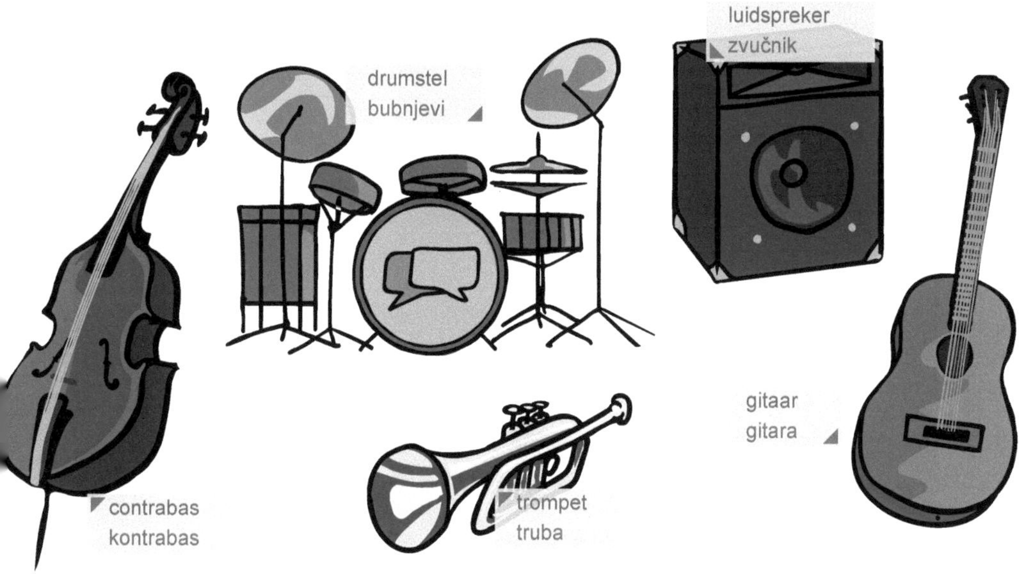

drumstel
bubnjevi

luidspreker
zvučník

gitaar
gitara

contrabas
kontrabas

trompet
truba

piano

klavir

viool

violina

bas

bas

pauk

timpani

trommel

udaraljke za bubnjeve

keyboard

keyboard

saxofoon

saksofon

fluit

flauta

microfoon

mikrofon

dierentuin
zoološki vrt

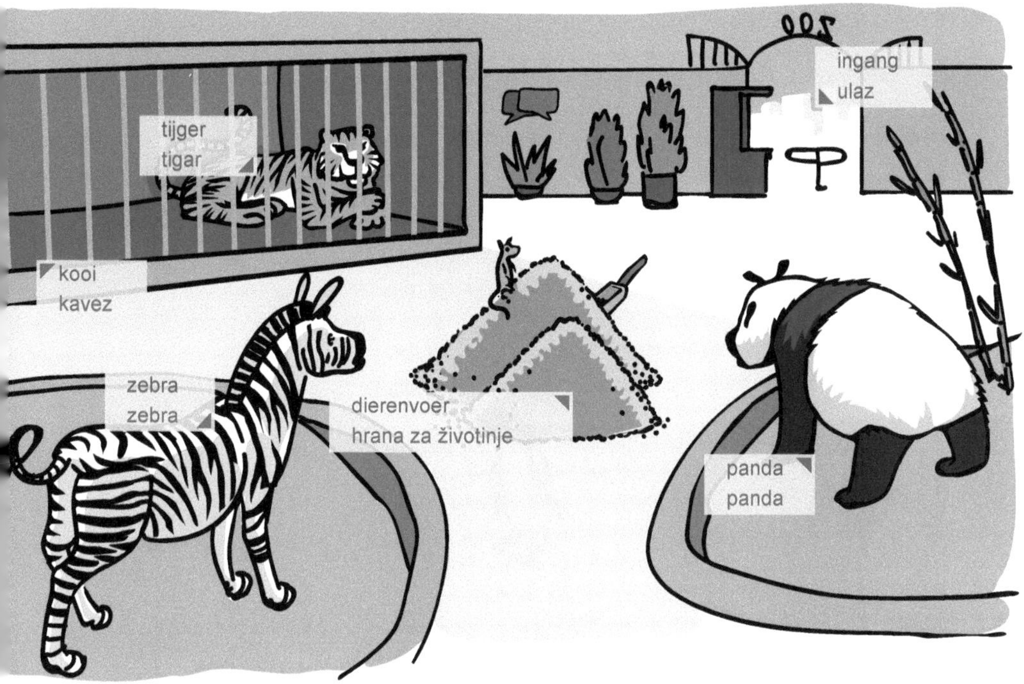
ingang
ulaz
tijger
tigar
kooi
kavez
zebra
zebra
dierenvoer
hrana za životinje
panda
panda

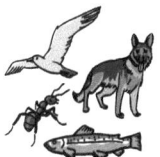

dieren
životinje

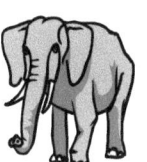

olifant
slon

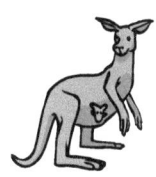

kangoeroe
kengur

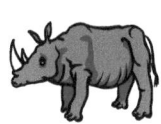

neushoorn
nosorog

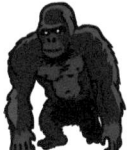

gorilla
gorila

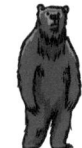

beer
medvjed

kameel

kamila

struisvogel

noj

leeuw

lav

aap

majmun

flamingo

flamingo

papegaai

papagaj

ijsbeer

polarni medvjed

pinguïn

pingvin

haai

ajkula

pauw

paun

slang

zmija

krokodil

krokodil

dierenverzorger

čuvar u zoološkom vrtu

zeehond

tuljan

jaguar

jaguar

pony

poni

luipaard

leopard

nijlpaard

nilski konj

giraffe

žirafa

adelaar

orao

wild zwijn

divlja svinja

vis

riba

schildpad

kornjača

walrus

morž

vos

lisica

gazelle

gazela

American football
američki nogomet

wielrennen
biciklizam

tennis
tenis

basketbal
košarka

zwemmen
plivanje

boksen
boks

ijshockey
hockey na ledu

voetbal
nogomet

badminton
badminton

atletiek
atletika

handbal
rukomet

skiën
skijanje

polo
polo

activiteiten
aktivnosti

lachen
smijati se
springen
skočiti
knuffelen
zagrliti
lopen
ići
zingen
pjevati
dromen
sanjati
bidden
moliti se
kussen
poljubiti

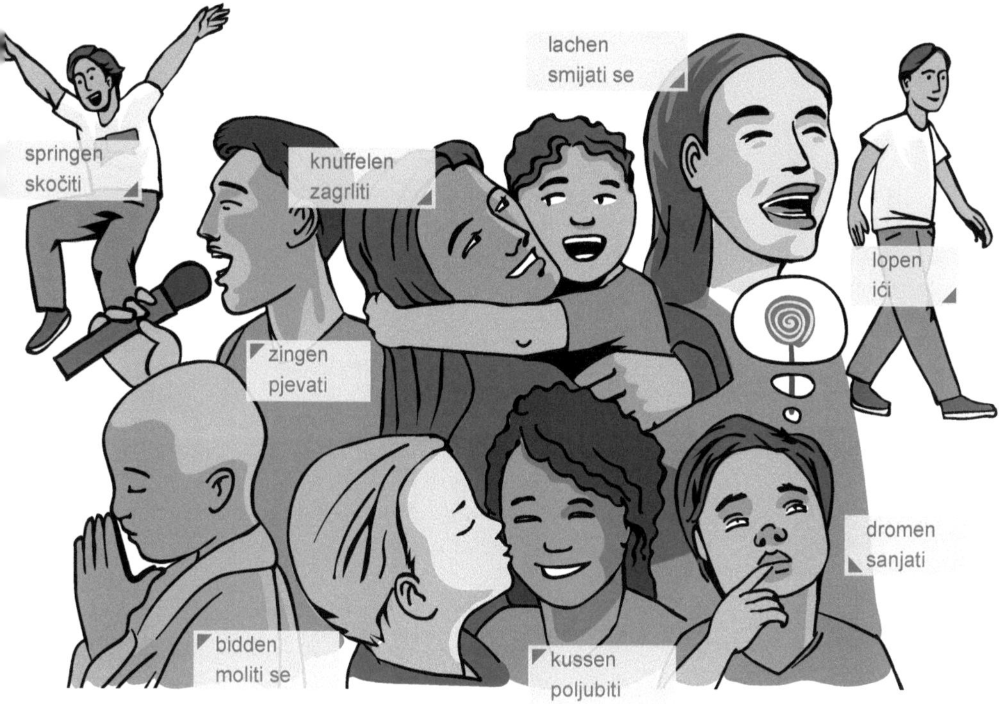

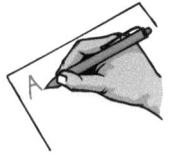

schrijven
pisati

tekenen
crtati

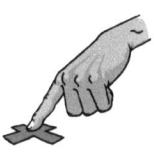

tonen
pokazati

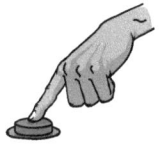

duwen
gurati

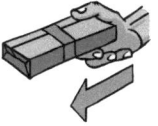

geven
dati

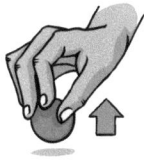

oppakken
uzeti

hebben
imati

doen
činiti

zijn
biti

staan
stojati

rennen
trčati

trekken
povlačiti

gooien
baciti

vallen
padati

liggen
ležati

wachten
čekati

dragen
nositi

zitten
sjediti

aankleden
oblačiti

slapen
spavati

wakker worden
probuditi se

bekijken

gledati

huilen

plakati

strelen

milovati

kammen

češljati

praten

govoriti

begrijpen

razumjeti

vragen

pitati

horen

slušati

drinken

piti

eten

jesti

opruimen

pospremiti

houden van

voljeti

koken

kuhati

rijden

voziti

vliegen

letjeti

activiteiten - aktivnosti

zeilen

ploviti

rekenen

računati

lezen

čitati

leren

učiti

werken

raditi

trouwen

vjenčati se

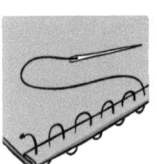

naaien

šiti

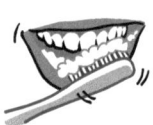

tandenpoetsen

prati zube

doden

ubiti

roken

pušiti

verzenden

poslati

familie
obitelj

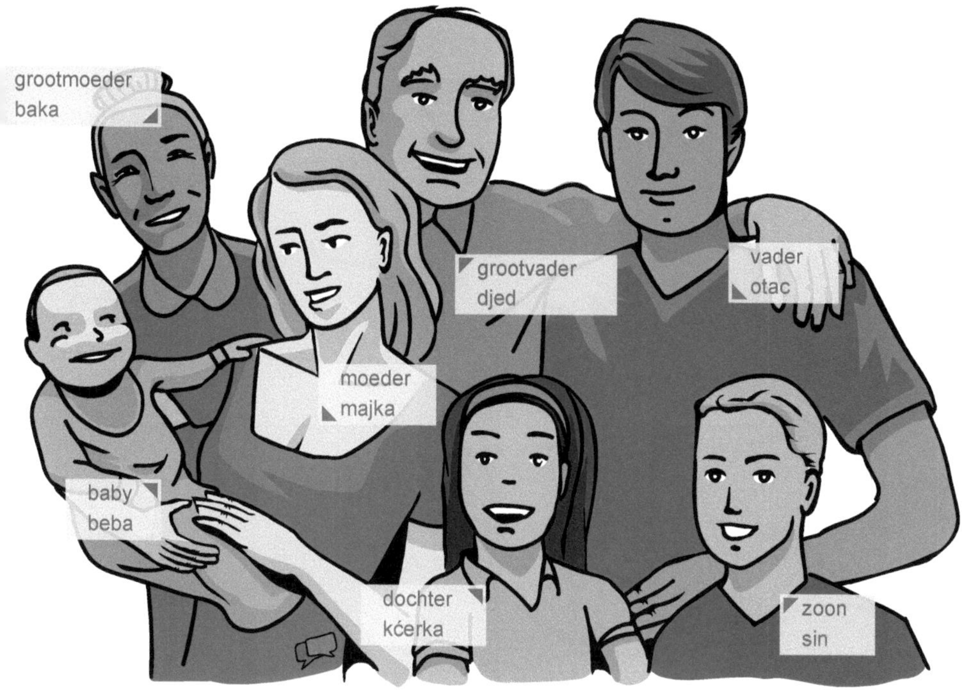
grootmoeder
baka
grootvader
djed
vader
otac
moeder
majka
baby
beba
dochter
kćerka
zoon
sin

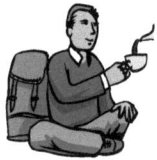

gast
gost

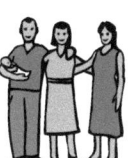

tante
tetka

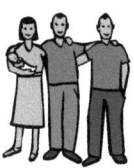

oom
ujak, stric

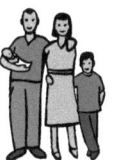

broer
brat

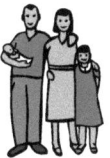

zus
sestra

lichaam
tijelo

voorhoofd
čelo
oog
oko
schouder
rame
vinger
prst
gezicht
lice
kin
brada
hand
ruka
been
noga
borst
grudi
arm
ruka

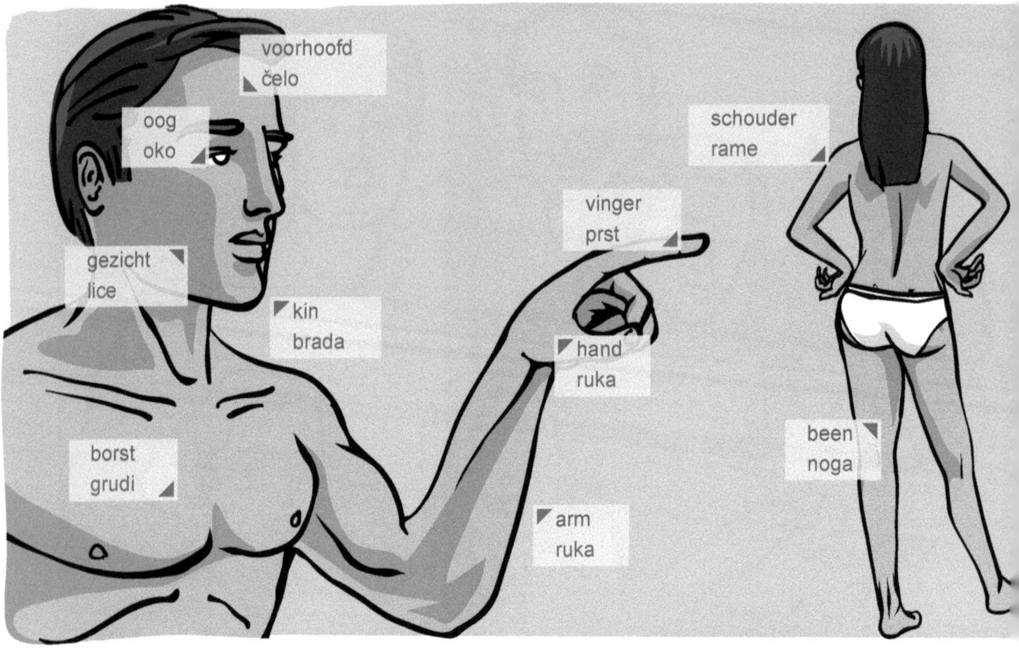

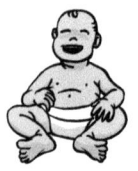

baby
beba

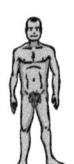

man
muškarac

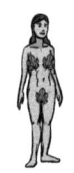

vrouw
žena

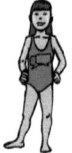

meisje
djevojčica

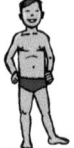

jongen
dječak

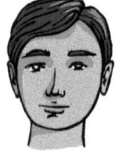

hoofd
glava

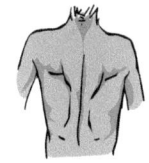

rug
....
leđa

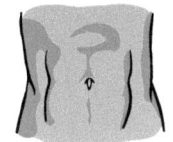

buik
....
trbuh

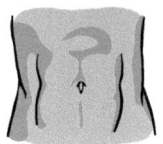

navel
....
pupak

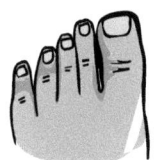

teen
....
nožni prst

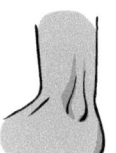

hiel
....
peta

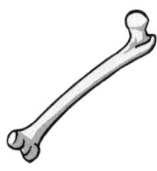

bot
....
kost

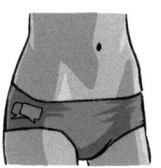

heup
....
kuk

knie
....
koljeno

elleboog
....
lakat

neus
....
nos

achterwerk
....
stražnjica

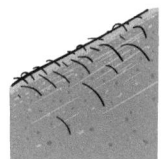

huid
....
koža

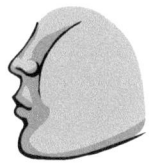

wang
....
obraz

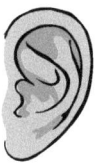

oor
....
uho

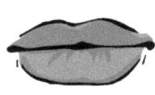

lippen
....
usna

lichaam - tijelo

mond

usta

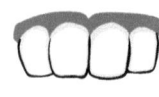

tand

zub

tong

jezik

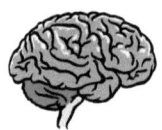

hersenen

mozak

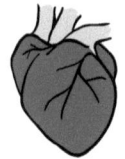

hart

srce

spier

mišić

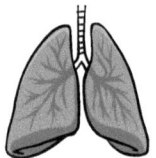

long

pluća

lever

jetra

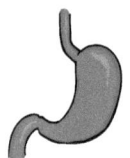

maag

želudac

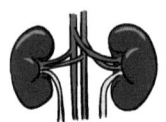

nieren

bubrezi

geslachtsgemeenschap

snošaj

condoom

kondom

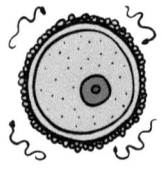

eicel

jajna stanica

sperma

sperma

zwangerschap

trudnoća

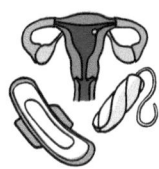

menstruatie
menstruacija

vagina
vagina

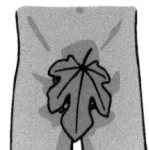

penis
penis

wenkbrauw
obrva

haar
kosa

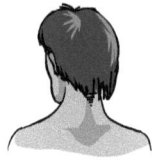

hals
vrat

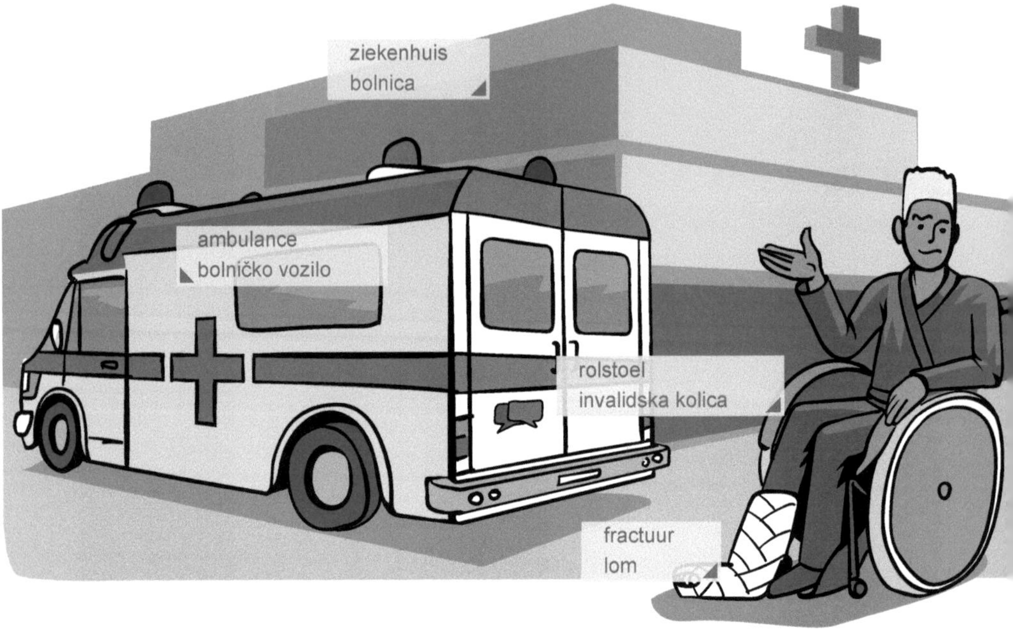

ziekenhuis
bolnica

ziekenhuis
bolnica
ambulance
bolničko vozilo
rolstoel
invalidska kolica
fractuur
lom

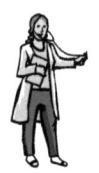

dokter

lječnik

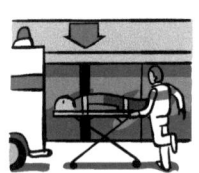

EHBO

hitna medicinska služba

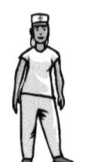

verpleegster

medicinska sestra

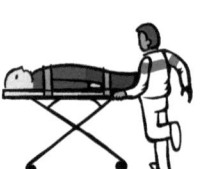

noodgeval

hitni slučaj

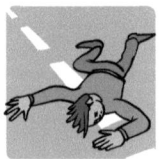

bewusteloos

nesvijest

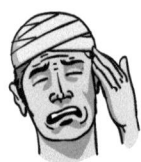

pijn

bol

verwonding

ozljeda

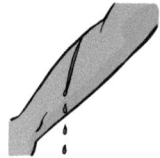

bloeding

krvarenje

hartaanval

srćani infarkt

beroerte

moždani udar

allergie

alergija

hoest

kašalj

koorts

groznica

griep

gripa

diarree

proljev

hoofdpijn

glavobolja

kanker

rak

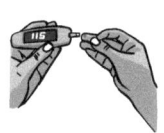

diabetes

dijabetes

chirurg

kirurg

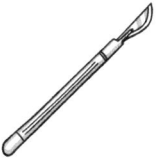

scalpel

skalpel

operatie

operacija

CT
ct

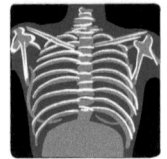

röntgen
rentgen

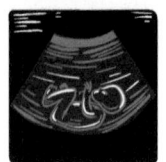

echografie
ultrazvuk

gezichtsmasker
maska

ziekte
bolest

wachtkamer
čekaonica

kruk
štaka

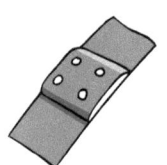

pleister
flaster

verband
zavoj

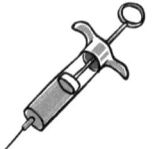

injectie
injekcija

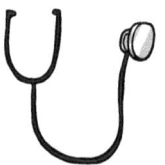

stethoscoop
stetoskop

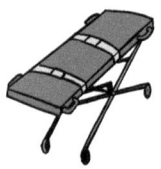

brancard
nosilo

thermometer
termometar

geboorte
rođenje

overgewicht
prekomjerna težina

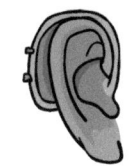

gehoorapparaat

slušni aparat

ontsmettingsmiddel

sredstvo za dezinfekciju

infectie

infekcija

virus

virus

HIV / AIDS

hiv / sida

medicijn

medicina

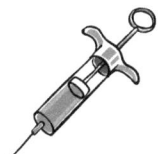

inenting

vakcinacija

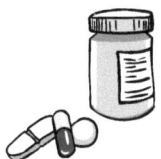

tabletten

tablete

pil

pilula

alarmnummer

poziv u pomoć

bloeddrukmeter

uređaj za mjerenje tlaka

ziek / gezond

bolesno / zdravo

Help!

pomoć!

alarm

alarm

overval

nasrtaj

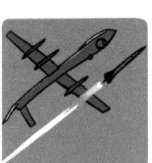

aanval

napad

gevaar

opasnost

nooduitgang

izlaz za nuždu

Brand!

požar!

brandblusser

vatrogasni aparat

ongeluk

nezgoda

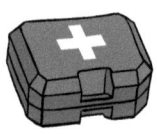

EHBO-koffer

kofer prve pomoći

SOS

sos

politie

policija

Europa

Europa

Noord-Amerika

sjeverna amerika

Zuid-Amerika

južna amerika

Afrika

Afrika

Azië

Azija

Australië

Australija

Atlantische Oceaan

Atlantik

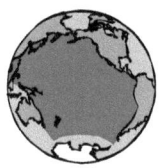

Stille Oceaan

Pacifik

Indische Oceaan

ocean

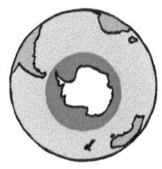

Zuidelijke Oceaan

antarktički ocean

Noordelijke IJszee

arktički ocean

Noordpool

sjeverni pol

Zuidpool
················
južni pol

Antarctica
················
Antarktik

aarde
················
zemlja

land
················
zemlja

zee
················
more

eiland
················
otok

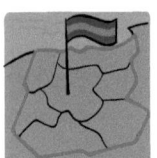

natie
················
nacija

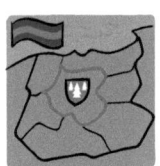

staat
················
država

wijzerplaat

brojčanik sata

uurwijzer

satna kazaljka

minutenwijzer

minutna kazaljka

secondewijzer

sekundna kazaljka

Hoe laat is het?

Koliko je sati?

dag

dan

tijd

vrijeme

nu

sada

digitaal horloge

digitalni sat

minuut

minuta

uur

sat

week
tjedan

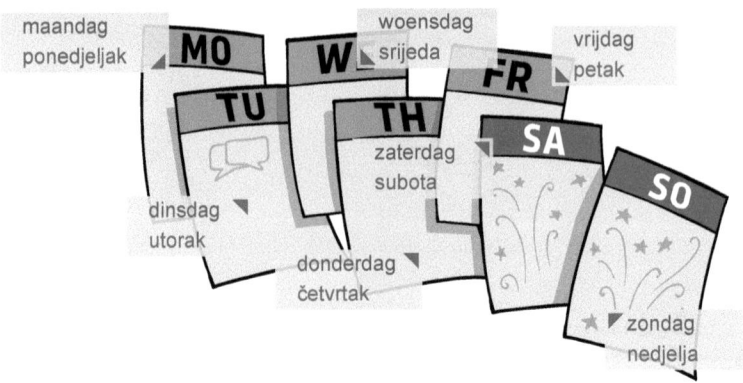

maandag
ponedjeljak

woensdag
srijeda

vrijdag
petak

dinsdag
utorak

zaterdag
subota

donderdag
četvrtak

zondag
nedjelja

gisteren

jučer

vandaag

danas

morgen

sutra

ochtend

jutro

middag

podne

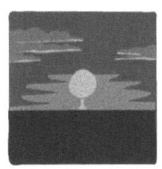

avond

večer

MO	TU	WE	TH	FR	SA	SU
1	2	3	4	5	6	7
8	9	10	11	12	13	14
15	16	17	18	19	20	21
22	23	24	25	26	27	28
29	30	31	1	2	3	4

werkdagen

radni dani

MO	TU	WE	TH	FR	SA	SU
1	2	3	4	5	6	7
8	9	10	11	12	13	14
15	16	17	18	19	20	21
22	23	24	25	26	27	28
29	30	31	1	2	3	4

weekend

vikend

jaar
godina

regen
kiša
regenboog
duga
wind
vjetar
sneeuw
snijeg
voorjaar
proljeće
zomer
ljeto
herfst
jesen
winter
zima

4.APRIL 11°
5.APRIL 4°
6.APRIL 13°
7.APRIL 8°
8.APRIL 10°

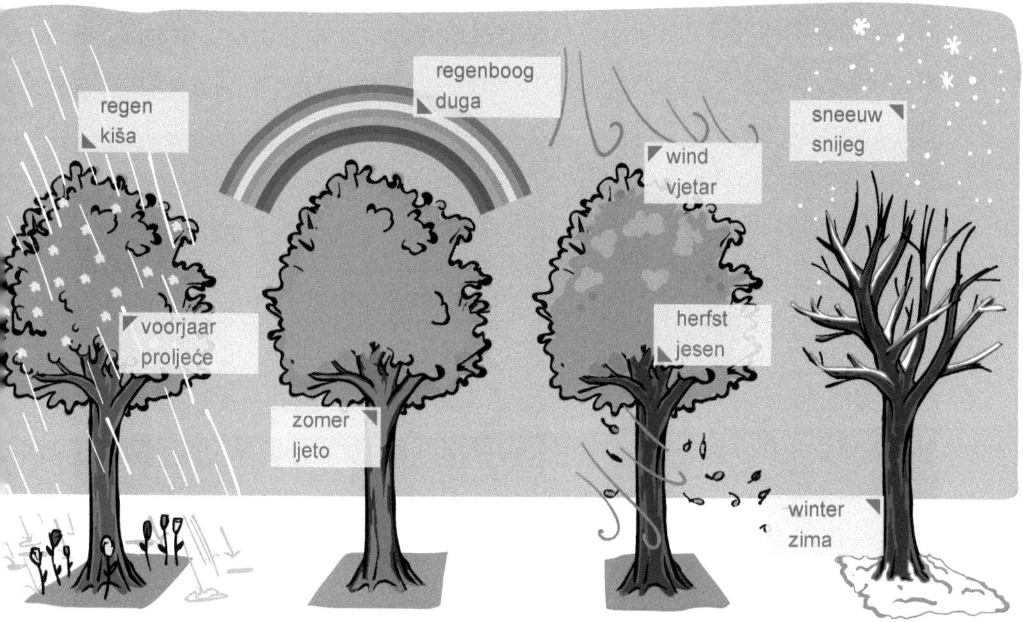

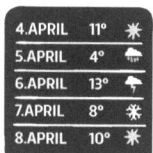

weerbericht
meteorološka prognoza

F C
120 40
90 30
60 20
30 10
0 0
-30 -10
-20

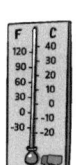

thermometer
termometar

zonneschijn
sunčana svjetlost

wolk
oblak

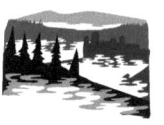

mist
magla

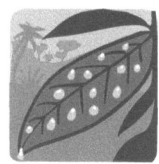

luchtvochtigheid
vlažnost zraka

bliksem

munja

donder

grmljavina

storm

oluja

hagel

tuča

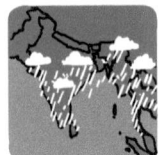

moesson

monsun

overstroming

poplava

ijs

led

januari

siječanj

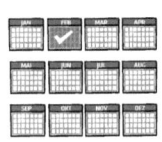

februari

veljača

maart

ožujak

april

travanj

mei

svibanj

juni

lipanj

juli

srpanj

augustus

kolovoz

jaar - godina

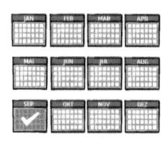

september
....
rujan

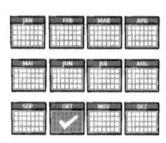

oktober
....
listopad

november
....
studeni

december
....
prosinac

vormen
oblici

cirkel
....
krug

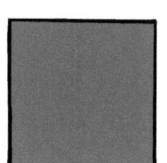

vierkant
....
kvadrat

rechthoek
....
pravokutnik

driehoek
....
trokut

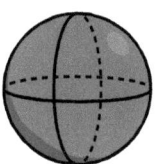

bol
....
kugla

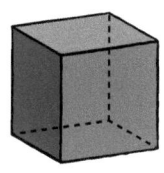

kubus
....
kocka

wit

bijela

geel

žuta

oranje

narančasta

roze

ružičasta

rood

crvena

paars

ljubičasta

blauw

plava

groen

zelena

bruin

smeđa

grijs

siva

zwart

crna

veel / weinig

mnogo / malo

boos / rustig

ljutito / mirno

mooi / lelijk

lijepo / ružno

begin / einde

početak / kraj

groot / klein

veliko / maleno

licht / donker

svijetlo / tamno

broer / zus

brat / sestra

schoon / vies

čisto / prljavo

volledig / onvolledig

potpuno / nepotpuno

dag/ nacht

dan / noć

dood / levend

mrtvo / živo

breed / smal

široko / usko

eetbaar / oneetbaar

jestivo / nejestivo

gemeen / aardig

zlo / dobro

opgewonden / verveeld

uzbuđeno / dosadno

dik / dun

debelo / mršavo

eerste / laatste

na početku / na kraju

vriend / vijand

prijatelj / neprijatelj

vol / leeg

puno / prazno

hard / zacht

tvrdo / mekano

zwaar / licht

teško / lagano

honger / dorst

glad / žeđ

ziek / gezond

bolesno / zdravo

illegaal / legaal

ilegalno / legalno

intelligent / dom

pametno / glupo

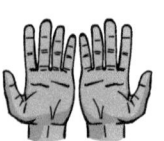

links / rechts

lijevo / desno

dichtbij / ver

blizu / daleko

nieuw / gebruikt

novo / rabljeno

niets / iets

ništa / nešto

oud / jong

staro / mlado

aan / uit

uključeno / isključeno

open / gesloten

otvoreno / zatvoreno

zacht / luid

tiho / glasno

rijk / arm

bogato / siromašno

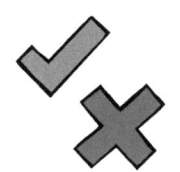

goed / fout

točno / pogrešno

ruw / glad

hrapavo / glatko

verdrietig / gelukkig

tužno / sretno

kort / lang

kratko / dugo

langzaam / snel

polako / brzo

nat / droog

mokro / suho

warm / koel

toplo / hladno

oorlog / vrede

rat / mir

0	**1**	**2**
nul	één	twee
nula	jedan	dva

3	**4**	**5**
drie	vier	vijf
tri	četiri	pet

6	**7**	**8**
zes	zeven	acht
šest	sedam	osam

9	**10**	**11**
negen	tien	elf
devet	deset	jedanaest

12

twaalf
dvanaest

13

dertien
trinaest

14

veertien
četrnaest

15

vijftien
petnaest

16

zestien
šestnaest

17

zeventien
sedamnaest

18

achttien
osamnaest

19

negentien
devetnaest

20

twintig
dvadeset

100

honderd
stotinu

1.000

duizend
tisuću

1.000.000

miljoen
milijun

Engels

engleski

Amerikaans Engels

američko engleski

Chinees Mandarijn

kinesko mandarinski

Hindi

hindi

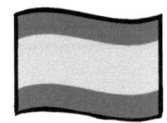

Spaans

španjolski

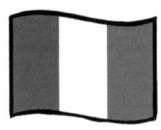

Frans

francuski

Arabisch

arapski

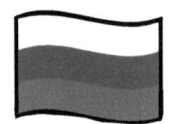

Russisch

ruski

Portugees

portugalski

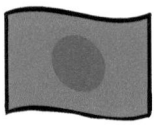

Bengalees

bengalski

Duits

njemački

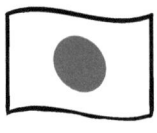

Japans

japanski

ik
ja

jij
ti

hij / zij / het
on / ona / ono

wij
mi

jullie
vi

zij
oni

wie?
tko?

wat?
što?

hoe?
kako?

waar?
gdje?

wanneer?
kada?

naam
ime

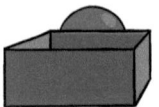

achter

iza

in

u

voor

ispred

boven

preko

op

na

onder

ispod

naast

pored

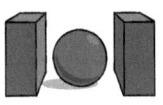

tussen

između

plaats

mjesto